Ao cair da tarde

Momentos de paz

WILSON GARCIA

Ao cair da tarde
Momentos de paz

EDIÇÕES
ELDORADO / EME

Copyright © 2008 Wilson Garcia

Todos os direitos desta edição reservados à
Eldorado/Editora EME

Projeto, montagem de capa e editoração: Wilgar
Foto da capa: Sergey Tokarev, Fotolia
Revisão:
1ª edição - 1.000 exemplares
outubro de 2008

Ficha Catalográfica

Garcia, Wilson
    Ao Cair da Tarde, Wilson Garcia, 1ª edição, outubro/2008, co-edição Eldorado/Editora EME, Capivari-SP
    112p.
    1 – Crônicas do Cotidiano.
    2 – Auto-Ajuda / Moral Cristã.

CDD 133.9

Sumário

Explicações, 7
As palavras, 9
Renovar e prosseguir, 11
O fogo e a palha, 13
Devagar e sempre, 15
As pontes e as estradas, 17
O olhar da noite, 19
O Universo tem um som, 21
Amanhã será outro dia, 23
Objetivos na vida, 25
A dose exata, 27
A paz possível, 29
Hoje é sábado, 31
Nossas Expectativas, 33
Decisões do momento, 35
O que é o futuro?, 37
O fundo do poço, 39
Sabedoria popular, 41
Os mitos, 43
O Otimismo, 45
Amizades, 47
A imagem, 49
Natal, 51
Competições, 53
Poesia e vida, 55
Lei do silêncio, 57
Espaço de construção, 59

Semana à frente, 61
Hoje e depois, 63
Angústia e apreensão, 65
A mensagem e o artista, 67
Do bem e do mal, 69
No final, a semana, 71
A poesia da noite, 73
A melhor torcida, 75
Violência e tranqüilidade, 77
Boas lembranças, 79
Seja eterno, 81
Passo a passo, 83
Um pouco de você, 85
Passado e futuro, 87
Riqueza e pobreza, 89
Os dois valores, 91
As razões da dor, 93
A saúde em nossas mãos, 95
O seu caminho, 97
O mundo à sua volta, 99
Início e recomeço, 101
Fim e recomeço, 103
A correnteza e o rio, 105
O tempo a nosso favor, 107
Pensar e agir, 109
O dia é seu, 111

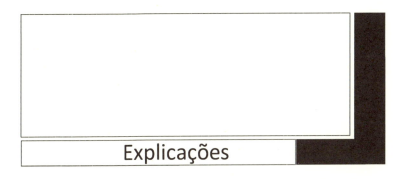

Explicações

Vez por outra, sou convidado a falar no *Momento de Paz* que a Folha FM de Recife leva ao ar de segunda a sábado ali próximo das seis horas da tarde.

Na Folha FM conheci Marise Rodrigues, simpaticíssima, diretora de jornalismo, espírita; conheci Lina Fernandes, competente comunicadora, a sustentar cinco horas diárias no ar; conheci Henrique Barbosa, diretor geral, também espírita. E muitos outros conheci.

Momento de Paz, nos seus dois a três minutos diários, é um espaço público de reflexões espirituais. Revezam-se, semanalmente, lideranças de denominações religiosas, oferecendo o seu olhar sobre o indivíduo e a sociedade.

Cada dia, uma página. Assim é.

Algumas das que escrevi e apresentei estão aqui reunidas. O propósito é o mesmo do programa: oportunidade singela, muito singela, de reflexão.

Meu abraço a você.

Wilson Garcia

Receba em seu endereço, gratuitamente, a Revista de Livros EME, o Jornal Leitor EME, prospectos, notícias dos lançamentos e marca-páginas com mensagens, preenchendo o formulário abaixo e mandando-nos através de:

Carta: Cx. Postal, 1820 - 13360-000 - Capivari-SP
Fone/fax: (19)3491-7000 / 3491-5449,
E-mail: atendimento@editoraeme.com.br □ **Site:** www.editoraeme.com.br

NOME: _____

ENDEREÇO: _____

CIDADE/EST./CEP: _____

FONE/FAX: _____

E-MAIL: _____

Fale conosco!!!

Queremos saber sua opinião sobre o livro: _____

(favor mencionar o nome do livro)

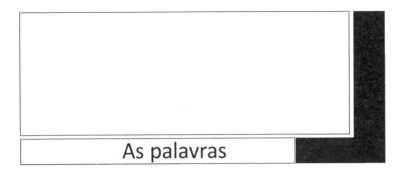

As palavras

As palavras têm força. Ditas de qualquer maneira, podem gerar desencontros.

As palavras carregam intenções e são estas intenções que dão o peso do sentido às palavras.

As palavras transportam sentimentos e são estes sentimentos que dão brilho às palavras.

Ao falar com alguém ou para alguém você pode estar construindo um momento de alegria ou de tristeza, de sonho ou de desesperança.

Escolher as palavras antes de falar é um bom exercício de comunicação.

Definir a forma como se vai falar é uma maneira de evitar desencontros.

Decidir sobre o momento certo de falar é uma demonstração de inteligência.

Contudo, preocupar-se com as intenções e os sentimentos a serem colocados nas palavras a dizer é sinal de sabedoria.

As palavras, em si, são simples junção de letras dentro de uma ordem estabelecida. São a unidade da língua. Desta forma, elas não possuem mais do que significados gerais.

Quando, porém, escrevemos ou falamos ou até mesmo quando pensamos, usamos as palavras para expressar desejos, vontades, propósitos. É por isso que não existem palavras sem sentimentos ou sem intenções.

O mundo melhor que todos buscamos é expresso pelas palavras que utilizamos e nestas palavras estão um pouco de nosso próprio espírito imortal.

Pense nisso!

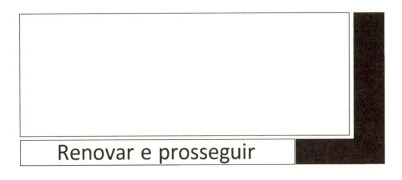

Renovar e prosseguir

Renovar é preciso. De vez em quando, todos nós precisamos mudar alguma coisa. Na vida, no trabalho, em casa e até mesmo em nós.

Ao sentir vontade de mudar alguma coisa, sem saber, estamos expressando uma necessidade íntima, real, de integração com a natureza.

A rotina é necessária na medida em que expressa uma disciplina, mas a rotina também cansa e propicia estresses.

A dona de casa que muda os móveis de lugar não pensa apenas na beleza estética que agrada aos olhos. Ela busca, também, no movimento que realiza todo dia, tornar a vida no lar mais agradável.

A natureza está em permanente movimento. Tudo nela se renova e se renova pela mudança contínua que se dá dentro de um equilíbrio de forças.

O ser humano também sente desejo de mudança porque é parte integrante da própria natureza. Nós não apenas vivemos no mundo natural, material; antes, somos seres da natureza.

Se não atendermos à necessidade de renovação e de movimento, presentes na natureza onde nos encontramos, nos sentiremos deslocados, fora da realidade, como se alguma coisa estivesse faltando para nos completar.

Por isso, reafirmamos, renovar é preciso.

Renovar o guarda-roupa, renovar as idéias, renovar os sentimentos, renovar, enfim, o conhecimento. Tudo isto nos encaminha para uma coisa ainda mais importante que também se renova: a consciência da vida.

Não pare, não se deixe estagnar.

Renove, sempre que puder!

O fogo e a palha

Acender a chama é ligar o motor.

Ao acender uma vela buscamos nos beneficiar de sua tênue luz.

Ao acender a chama interior procuramos impulsionar nossa existência.

Precisamos, diariamente, da chama que nos dá força. Precisamos caminhar, conversar, sentir, pensar e até sonhar.

Somos seres feitos para o movimento. Não podemos permanecer por muito tempo no mesmo lugar. Mas precisamos de combustível para as ações.

O alimento diário fornece energia para o corpo. O corpo, porém, precisa do espírito que o anima e o espírito precisa da chama que o motive.

Corpo e espírito precisam de energia constante para viver.

Realizar um sonho, construir uma casa ou adotar uma grande idéia são coisas que podem servir de incentivo. Para alcançá-las, porém, é preciso acender a chama interior a fim de gerar a energia necessária.

O calendário nos oferece datas variadas durante o ano. Algumas delas costumam nos motivar. Chegam mesmo a acender a nossa chama interna para coisas que nos interessam ou nos entusiasmam.

Mas as chamas que permanecem e geram energia suficiente são aquelas que acendemos com decisão. E alimentamos, porque sem o alimento a chama se apaga. Chamas breves são como fogo de palha.

Faça isso!

Alimente as chamas dos seus propósitos para que eles o impulsione às realizações materiais e espirituais.

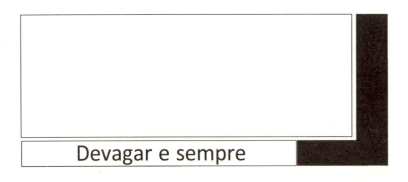

Devagar e sempre

A sabedoria do homem simples nos informa que "devagar se vai ao longe".

Esta sabedoria se assenta na idéia da constância, do ritmo. Mas fala também do caminhar passo a passo.

Para ir longe é preciso caminhar. Estabelecer um ritmo que possamos agüentar é princípio de sabedoria. Não é somente o cansaço que nos aguarda aqui e ali. Estamos também sob a ameaça de outras coisas que nos dificultarão a caminhada.

Desilusões, infidelidades, ausência de apoios e até mesmo problemas de saúde, dinheiro etc.

Ir devagar, neste caso, é o contrário de ser lento e deixar que as coisas aconteçam por si mesmas.

Ir devagar é ser constante e acreditar na possibilidade de chegar lá na frente e alcançar o horizonte onde nossos sonhos se depositam.

A pressa, neste caso, pode ser mesmo vista como inimiga da perfeição.

Espíritos somos e estamos aqui, neste mundo, a deslizar lentamente no espaço, em busca dessa perfeição. Nela se encontra a verdadeira realização, a verdadeira felicidade.

O ritmo ideal para lá chegar é o ritmo da natureza. Ajustar o passo é se adequar ao ritmo natural.

Estando no ritmo adequado, se caímos sofremos menos e ficamos em melhores condições para levantar e prosseguir.

No entanto, se cairmos quando estivermos demasiadamente apressados poderemos sofrer danos maiores e amargar mais dificuldades para retomar a caminhada.

Vá devagar, vá constante, ajuste seu ritmo.

O horizonte está a sua espera.

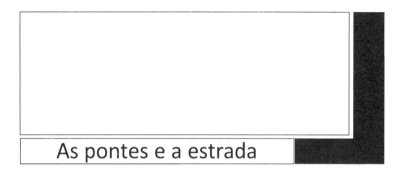

As pontes e a estrada

Todo caminho em construção precisa de pontes para ser completado.

Sua vida, minha vida, a vida de todos os seres humanos são estradas em construção. Estamos formando nosso destino pelas estradas onde passamos. Estradas que construímos, diariamente.

Com um pouco de paciência, abrimos aqui e ali as vias. Mas deparamos com depressões, acidentes geográficos, rios e elevações. E precisamos construir pontes para ultrapassar os obstáculos e prosseguir.

Nosso desejo é de conquistas. Precisamos sentir que alcançamos o sucesso pelo nosso esforço pessoal. Não apenas para que reconheçam em nós os méritos, mas também para nos sentirmos realizados.

Espíritos imortais que somos, cada conhecimento e cada realização que alcançamos nos deixam mais predispostos a prosseguir. E nos alimentam e nos fortalecem.

Toda estrada exige esforço, impõe desgastes e nos leva ao cansaço natural.

Não importa, porque nós prosseguimos sempre na convicção invariável de chegar ao destino.

E sabemos que o destino, o porto de chegada está no final da estrada.

Às vezes podemos encurtar distâncias, outras vezes não podemos.

O tempo bom e o mau tempo também nos desafiam.

Duas palavras são importantes aí: ânimo e confiança. O resto vem por acréscimo.

Boa caminhada para você.

O olhar da noite

Quando a tarde cai, certo ar de poesia costuma nos invadir.

A noite está chegando e a noite, embora fazendo parte do dia, muda a própria face dele. A noite tem seu próprio jeito, seu olhar e seu mistério.

A noite é representativa da vida. Na vida, vivemos ciclos que se sucedem. Entramos na vida como num dia, saímos da vida como da noite. E retornamos à vida muitas vezes para outras tantas dela sair.

Somos seres infinitos, imortais, individuais. Somos almas, somos espíritos, somos inteligências.

Viver é nosso destino. Viver dias e noites, anos e anos, séculos e séculos.

Viver dos dois lados da existência: no lado de cá, o material; no lado de lá, o espiritual.

Esta alternância, este ir e vir nos dá a certeza de renovação, de possibilidade de melhoria, de refazer o que ficou incompleto.

Assim como um dia depois do outro.

Quando acertamos nas coisas, o dia nos é encantador e a noite nos é sorridente.

Quando falhamos nas coisas, o dia se apresenta cansativo e o olhar da noite nos incomoda.

Certo mesmo, então, é o retorno do dia que segue à noite e, com ele, a possibilidade de alcançar aquilo que no dia anterior não foi possível.

A semana termina, mas outra está à nossa frente, com seus sete dias e sete noites.

Viva cada um deles mirando a paz.

Que o olhar de cada noite lhe sorria.

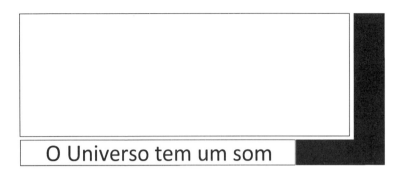

O Universo tem um som

Você já ouviu falar da harmonia do Universo? Estudiosos de todos os tempos olham para o céu e se admiram de sua ordem.

Milhões de astros e estrelas distribuídos no espaço infinito seguem sua rota, movimentam-se, giram e vão em frente.

Perto desta harmonia, nossos problemas aqui embaixo parecem pequenos. Certo, nossos problemas não desaparecem, mas o infinito do espaço sideral nos inspira a conviver com os problemas de maneira mais esperançosa.

Hoje, como no passado, procuramos vida nos céus.

Alguma coisa nos diz que existem outros seres para além deste pequeno planeta azul no qual vivemos.

Antes de encontrá-los, nós os imaginamos nas diversas cores e tonalidades.

E cada dia que passa parece que nos aproxima mais e mais do momento de poder dizer: eles existem.

Até lá, continuaremos olhando o céu, sonhando, questionando e nos admirando de tanta ordem.

Milhões e milhões de mundos.

Sim, diante de tanta grandeza, nossos problemas ficam

mais leves, nossos sonhos ficam mais fortes. Descubra, você também, a beleza da vida universal.

E faça dela uma mensagem para você mesmo: a mensagem de um Deus justo e bom a nos dizer que a vida é como o infinito.

A vida é permanente.

Amanhã será outro dia

Somos testados diariamente.

A sociedade testa a nossa paciência. Os amigos testam a nossa fidelidade.

Os familiares testam a nossa dedicação.

Para qualquer lado que olhamos, vemos novos e permanentes desafios.

E a roda-viva da vida parece que gira para nos testar, dia após dia.

Mas, meu amigo e minha amiga, amanhã é o dia seguinte e o dia seguinte sempre será outro dia.

Nós o olhamos com esperança, porque somos levados a sonhar com novas e melhores emoções.

Nós o esperamos com outro olhar, porque acreditamos que ele virá como oportunidade de outras conquistas.

O dia seguinte é uma verdade. O dia presente, o hoje, é uma preparação do dia seguinte.

Há uma verdade muito grande nisso.

Hoje é um momento que passa, que não pegamos, mas que vivemos.

Amanhã virá diferente, mais colorido, mais pleno de possibilidades.

A vida se renova a cada amanhã.

A vida física e a vida espiritual.

Para aqueles que têm problemas a resolver, o dia seguinte é uma nova etapa, uma nova possibilidade, um novo espaço a aproveitar.

Para aqueles que deixam esta vida, encerra-se apenas um ciclo. O amanhã, para eles, será o dia de voltar em novo corpo para continuar a jornada de sonhos e realizações.

Por isso, viver bem o hoje é garantir um novo e melhor amanhã.

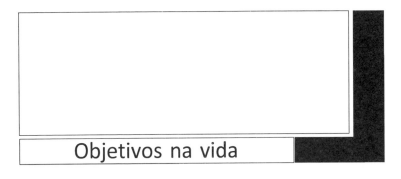

Objetivos na vida

O nosso dia começa melhor quando nós sabemos o que queremos. E fica sem grandes atrativos quando nos faltam metas a atingir.

Ter objetivos na vida é dar à própria vida um sentido, uma direção. As coisas acontecem quando nós as procuramos e nelas colocamos foco.

O bom e o ruim, o positivo e o negativo, o doce e o amargo são conseqüências do caminho trilhado.

Pessoas otimistas têm melhores condições de superar as dificuldades.

Os pessimistas costumam viver num círculo vicioso de desânimo e insatisfação. O pessimista está muito próximo de certas doenças.

As pessoas otimistas criam em si mesmas as condições para melhor se locomover no dia-a-dia. E vivem num círculo propício à boa saúde material e espiritual.

Os objetivos que cada um de nós coloca para si próprio estão diretamente relacionados com a maneira de ver as coisas. E nelas acreditar.

A convicção e a força do pensamento são ingredientes importantes para as conquistas do dia-a-dia.

Sem esperança, ficamos paralisados.

Com otimismo, enfrentamos os desafios.

Somos, todos nós, espíritos a construir, diariamente, destino. Nenhum de nós veio pronto e acabado. Todos, indistintamente, precisamos eleger objetivos e lutar por eles.

Ter objetivos é fundamental para dar sentido à vida.

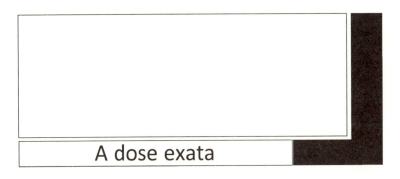

A dose exata

Vivemos constantemente em dúvida sobre a dose exata das coisas.

Perguntamo-nos qual é o caminho do meio? Como conquistar e manter o equilíbrio na vida?

Remédio demais mata. Remédio de menos também mata.

O médico procura equilibrar a receita na dosagem e na freqüência adequada a cada paciente. Mas sabe que a dosagem depende da necessidade individual. Cada ser é uma realidade própria, por isso deve ser diagnosticado segundo seu quadro particular.

O médico, portanto, nos dá a resposta.

Ninguém pode determinar a dose certa de remédio se não conhecer o paciente a ser medicado.

Não há receitas infalíveis, gerais, universais, capazes de atender a todos, indistintamente.

Você, meu amigo, assim como eu, precisa encontrar a medida exata das coisas.

Qualquer que seja a coisa. Chame-a de amor ou de paz, de sonho ou de realidade, de desejo ou de prazer.

Não se esqueça da lição: prazer demais esgota e joga a

pessoa no vazio. Prazer de menos também extenua, cansa, deixa a vida sem sentido.

E viver é o que mais devemos querer.

Viver hoje, aqui neste planeta ou em outro qualquer.

Viver aqui, agora, e também viver no futuro, daqui a 100 ou 1000 anos.

Equilibre-se, descubra a dose certa de cada coisa para você.

E siga em frente.

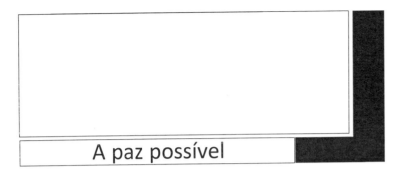

A paz possível

Um amigo encontrou-me na rua outro dia e perguntou se era possível viver em paz num mundo cheio de violências. Disse-me ele: você não acredita nisso, acredita?

Lembrei-me da flor do pântano que nasce em meio à lama.

E da água que brota nos oásis dos desertos mais causticantes.

Mas não me esquivei de dizer a ele, parodiando conhecida máxima, que o preço da paz é a eterna vigilância, como nos asseguram os nossos antecessores.

Para ter paz é preciso duas coisas: construí-la e protegê-la.

Você precisa de um mínimo de paz para trabalhar e divertir-se. Para sair de casa e para chegar ao destino.

Em doses menores ou maiores, ela está dentro de você. E está nas ruas, nas empresas, nos clubes.

Nós queremos, de fato, que ela esteja visível, presente em todos os lugares e disponível a todo o momento.

Afinal, sabemos: ninguém pode ser feliz se não vive em paz.

Quando assim pensamos, expressamos uma verdade.

Mas a paz total é construção coletiva. É questão de consciência, de compreensão.

Visto de fora, nosso planeta Terra é azul. Aqui dentro, porém, sabemos que há diversos matizes a marcar as culturas e os povos.

A paz pode ser também vista pela cor azul. É preciso, então, tornar o azul mais presente neste mundo um tanto descolorido ainda, não é mesmo?

Aqui, neste mundo físico, como no mundo espiritual, a paz é o desafio possível.

Antes de ir ao encontro dela, vamos construí-la aqui. Para que ela esteja aqui também quando voltarmos.

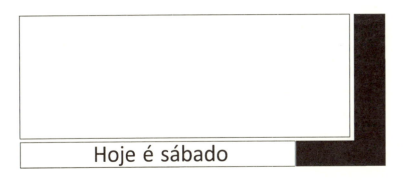

Hoje é sábado

Meu amigo, minha amiga, hoje é sábado.

A segunda-feira passou, a terça, a quarta, a quinta e a sexta. Enfim, o final de semana.

E por falar nisso, como foi a sua semana?

Tensa, porque você tinha sérias coisas a resolver?

Chocha, sem grandes novidades?

Feliz por tantas coisas boas que aconteceram?

Demorou muito a passar, porque você esperava ansiosamente o fim de semana?

Não importa, os dias se sucedem permanentemente e a semana terá sempre sete dias.

Nós criamos o tempo, demos a ele uma divisão e nomes para cada período: dia, mês, ano, século.

Para conviver com estes ciclos que se repetem, criamos a novidade, inventamos coisas e esperamos por elas.

A semana, o mês e o ano são como a vida, que também acontece ciclicamente.

Prepare-se, portanto. E da mesma forma que você espera o dia seguinte ou o mês seguinte, guarde um pouco de sua esperança para a vida seguinte.

Crie cada dia. Invente cada mês. Olhe para o novo ano

planejando alguma coisa. Faça o mesmo com a vida. Seja otimista. Ela vai passando e engolindo os dias, as semanas, os meses e os anos.

Mas ela avisa que voltará mais à frente, quando esta de agora terminar.

Isso é bom? Eu acho excelente, pois a certeza do futuro nos anima e motiva um pouco mais o presente.

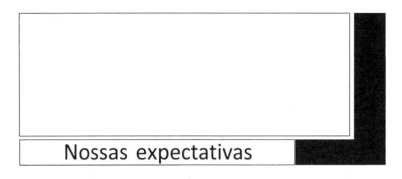

Nossas expectativas

A agitação do mundo nos envolve diariamente.

O tempo está cada vez mais curto e não é suficiente para atender a todas as necessidades.

Desejamos fazer mais, criar mais, curtir mais. Nossa expectativa é de poder alcançar alturas e contemplar o mundo de cima.

Temos expectativas profissionais, sentimentais, familiares, econômicas e de consumo.

Há momentos que nos animamos, pois o futuro, embora distante, parece viável.

Em outros momentos sentimos que não alcançaremos o desejado futuro.

Devemos parar, de vez em quando, para rever racionalmente os nossos projetos.

Somos filhos de uma sociedade que acena com mais coisas do que precisamos.

Organizar os pensamentos, entender nossas reais necessidades e selecioná-las em ordem de prioridade é mais do que um dever – é uma obrigação.

Ao fazer isso, assumimos as rédeas do nosso destino.

Do contrário, deixaremos que outros nos comandem.

Tomar o destino nas mãos implica em fazer uma seleção das coisas que são importantes e separá-las daquelas outras que assumiram lugar em nossos desejos sem que delas necessitemos de fato.

O tempo é inimigo das expectativas impossíveis.

Por isso, ele parece estar sempre mais curto do que deveria.

Simplificando a vida, os planos de progresso ficam mais razoáveis.

Pense nisso.

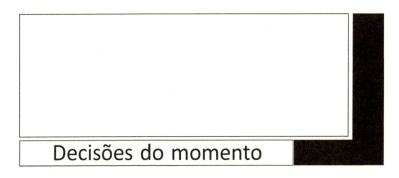

Decisões do momento

Há pessoas que têm apenas meia dimensão de seus compromissos.

Explico-me.

A cidadania é um qualificativo da individualidade humana. Ou seja, ninguém pode ser cidadão e querer ser cidadão sem estar integrado às diversas solicitações da sociedade em que vive.

Quando se aproxima a época das eleições, deparamo-nos com uma boa oportunidade de exercitar valores da cidadania.

Todo cidadão tem o dever de votar.

Votar, portanto, é um compromisso, uma responsabilidade.

Outras responsabilidades se somam na sociedade e a elas estão vinculados todos os cidadãos.

Assim, um estado de felicidade ou de satisfação tem a ver com o atendimento às diversas responsabilidades da cidadania.

Não ocupar o lugar que cada um tem na sociedade, de forma integral, é não perceber que cada vez que deixamos alguma coisa por cumprir também deixamos uma oportunidade de melhorar o nosso estado de felicidade. Todo cidadão é cidadão completo, nos direitos e nos deveres.

A verdadeira dimensão social da cidadania contempla os compromissos com a sociedade, a família e a nação.

Esta é, também, a dimensão da verdadeira felicidade.

Assim como não existe meia felicidade, também não existe meia cidadania.

O que é o futuro?

Esta é uma boa pergunta: o que é o futuro?

Há muitas respostas para ela.

O futuro pode ser o instante seguinte, assim como pode ser um amanhã indefinido e distante.

Uma coisa é certa: vivemos muito mais com o pé no futuro do que no presente, pois o presente passa com tal rapidez que muitas vezes não o vemos.

O futuro pode ser representado por uma conquista ou um fracasso. O que você consegue alcançar reveste-se de um futuro feliz. O que não consegue representa um futuro indesejado.

Mas há um futuro que todos nós queremos: um amanhã que prolongue indefinidamente nossos melhores sonhos, nossas melhores utopias.

O futuro que não represente a morte do nosso ser e da nossa alma. Pelo contrário, um futuro que nos garanta que estaremos presentes no tempo e no espaço, seja no dia seguinte seja daqui mil anos.

Estamos falando do futuro na imortalidade do ser.

De forma geral, nós, os seres humanos, temos dele algum tipo de visão.

Ele está presente nas academias que o homem constrói. Está também presente no filho que prolonga o nome da família.

Está ainda visível nos patrimônios materiais e espirituais que construímos.

O futuro não é apenas uma questão de crença. É também uma questão de lógica.

Todos vivemos para a imortalidade.

A imortalidade é nosso presente e o nosso destino.

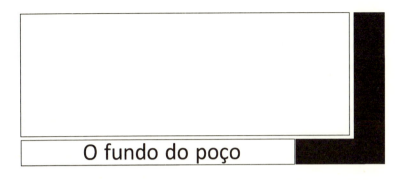

O fundo do poço

Há uma história simples mas interessante que anda circulando pela Internet.

Fala de um cavalo que, tendo caído no poço e sem haver seu dono descoberto uma maneira de retirá-lo de lá, resolveu abreviar sua vida enterrando-o vivo.

Chamou uns amigos e começou a jogar terra no poço e no animal.

Ocorreu, porém, um fenômeno interessante. Cada monte de terra que era jogado no poço, o cavalo subia nele. Assim, o cavalo foi subindo, ao invés de ser aterrado. E foi desta maneira que o cavalo conseguiu sair do poço.

A vida é curiosa. Muitas vezes você está no fundo do poço, cheio de problemas que parecem insolúveis.

Saídas? Elas não parecem existir. E sem saída, pouco parece restar. A vida perde o sentido. As esperanças desaparecem.

No entanto, se você se mantém a despeito de tudo, uma luz aparece quando menos se espera. O que não é visível ou claro costuma surgir por solução, de repente.

Por mais fundo que seja o poço, por mais comprido que seja o túnel, sempre haverá luz e saídas.

Mesmo que você não as veja.

As pessoas que passaram pela desagradável experiência de serem seqüestradas sabem que uma forma de manter a vida no cativeiro é buscar algum tipo de atividade física e mental. Seja para suportar o infortúnio, seja para não entrar em desespero.

O fundo do poço pode não ser tão fundo quanto se pensa.

Os piores problemas também.

Mantenha-se vivo. E alerta. As soluções sempre estão à sua espreita.

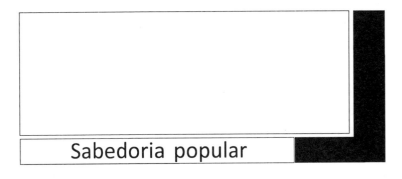

Sabedoria popular

Diz um velho ditado que "mais vale um pássaro na mão do que dois voando".

Trata-se de um pensamento de segurança. E segurança é o que todos queremos ter.

Estar seguro de que as coisas vão dar certo ou que nosso futuro está garantido é algo natural a qualquer pessoa.

A insegurança é fonte de estresse e angústias. A impossibilidade de vislumbrar um amanhã com todas as garantias de realizações nos leva muitas vezes a temer o destino.

Mas é preciso compreender os dois lados da sabedoria popular. Há momentos e situações em que pode ser mais vantajoso manter as coisas sob controle, mesmo que elas não atendam totalmente às nossas necessidades.

Outros momentos há, contudo, que o "pássaro na mão" pode ser apenas a perda de uma oportunidade de alcançar resultados melhores.

Se a insegurança gera estresse, a falta de ousadia também resulta no fracasso, na perda de oportunidade.

Se o que você possui é suficiente, ótimo.

Mas se é apenas o reflexo do temor, do medo de perder o pouco que tem, melhor pensar direitinho para não tornar a vida uma obsessão.

Todos nós temos muito que construir. E para construir temos que arriscar e ir à luta, ousar, sem medo de errar ou fracassar.

Melhor será errar, fazendo, do que errar por omissão e medo.

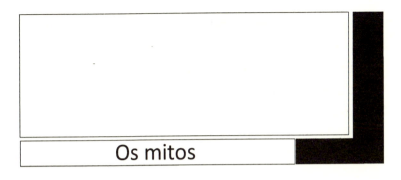

Os mitos

Houve um tempo, em nosso país, que se dizia que o povo brasileiro não gostava da leitura.

E nisso se depositava a explicação para a baixa vendagem de livros.

De tanto se repetir uma mentira, sabe-se disso, ela acaba se tornando uma verdade.

Há uma grande diferença entre gostar de ler e ter o hábito da leitura.

Isso é simples de entender.

O gosto pela leitura se transforma em hábito de ler quando ensinado. Qualquer criança gostará de ler se for motivada a ler. O contrário disso também é verdadeiro.

O que o brasileiro tem, acima de tudo, é um potencial para a leitura não desenvolvido e isso é diferente de gostar ou não gostar.

Assim, meu caro amigo, tenham cuidado com os mitos que vão se criando na sociedade.

Não acredite prontamente nas coisas que lhe dizem ou afirmam aqui e acolá.

Principalmente naquelas coisas que reduzem seu entusiasmo e seus sonhos.

Ler por vontade própria é como ser sincero, honesto e leal.

É uma questão de hábito.

Quando se aprende a valorizar os sentimentos e se treina isso bastante, ninguém, nunca mais, nos roubará esses valores.

Os mitos são muito bons quando se propõem a nos levantar, a nos jogar para cima.

Mas quando fazem o contrário disso, quando nos roubam a esperança e diminuem nossa estima, então é preciso destruí-los, para que nos ergamos.

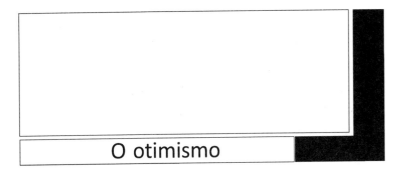

O otimismo

Um amigo me perguntou se é possível manter o otimismo sempre. Na visão dele, são tantos os momentos ruins que fica difícil até mesmo para a pessoa mais positiva manter o otimismo sempre.

A resposta não está no sim ou no não, mas na forma como encaramos a vida.

Se você vê a vida como um fim em si mesma, com certeza terá muitas razões para ser pessimista. Uma vida que começa e termina sem deixar rastros não tem um significado maior. Basta viver os bons momentos e negar os momentos ruins.

Mas, se sua existência é para você algo valioso, que teve um começo longínquo e não se extinguirá com a morte do corpo, então as possibilidades de você ser otimista serão bem maiores.

O otimista não é aquele que nega os momentos ruins, os fracassos, as perdas. Não, nada disso. O otimista é a pessoa que vê as vitórias e as derrotas como momentos de aprendizado.

Vive-se para progredir, avançar, crescer. Perder em algum momento é da vida. Ganhar, também. A vida é, portanto, maior do que os momentos de vitória e de derrota.

Estes momentos ficarão, passarão.

A vida prosseguirá para além da morte do corpo físico. É por isso que podemos e devemos ser otimistas. Há mais futuro à frente do que se imagina.

Afinal, nossa essência espiritual, nossa alma se manterá viva e continuará o seu percurso, num permanente nascer e renascer.

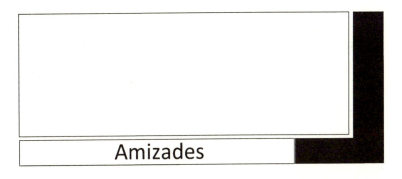

Amizades

Quem não quer ter um amigo verdadeiro, daqueles que nos apóiam desinteressadamente? O verdadeiro amigo é tão raro que dizemos que podemos contá-los nos dedos de uma só mão.

Uma vida de solidão ninguém merece.

Amizades falsas, também não.

Fazer amigos, verdadeiros amigos, é como construir uma casa: você precisa colocar tijolo por tijolo.

Na construção da amizade, o tijolo é o sentimento.

Ao construir uma casa você pode optar por materiais de primeira ou de segunda qualidade. E contratar um bom ou um mau arquiteto. No primeiro caso, você terá uma casa resistente ao tempo. No segundo, a casa poderá cair.

Já na amizade há uma diferença fundamental: o pedreiro é você e os tijolos do sentimento que você vai usar são seus mesmos. Ou seja, com sentimentos verdadeiros se constrói grandes amizades; com sentimentos que encobrem e disfarçam os interesses menores as pessoas jamais conseguem se transformar em amigos nossos.

Você pode disfarçar por uns tempos os verdadeiros sentimentos, mas não pode escondê-los o tempo todo. Ninguém consegue. Mais dia, menos dia a verdade aparece e as amizades construídas na areia desmoronam.

Amizade é sentimento recíproco. É preciso dois para formar uma amizade. Amizade é soma, partilha, confiança, prazer e diálogo.

Como se repete sempre, uma andorinha sozinha não faz verão.

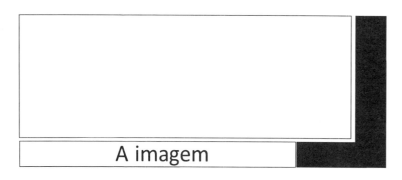

A imagem

O mundo mudou muito nos últimos 20 anos. E isso afetou a qualidade de vida das pessoas. Afetou para melhor, mas teve também efeitos negativos.

Antes você escrevia cartas à mão ou, quando podia, usava as antigas máquinas de escrever. Hoje você manda e-mails e recebe respostas também por e-mail.

Antes você ia ao armazém, depois passou a ir aos supermercados e aos shoppings centers. Agora, se quiser você nem sai de casa para comprar.

A vida ficou também mais corrida, mais intensa e agora você se estressa com maior freqüência.

Antes, você podia ser mais você, aparecer como era. Agora você cultiva a imagem e você passou a ser o que os outros pensam e dizem de você.

Como se vê, você tem uma imagem e essa imagem depende mais dos outros do que de você mesmo.

No entanto, muitos de nós vivemos preocupações enormes com esta imagem.

Preocupações exageradas.

A imagem depende de coisas como o consumo.

Manter a imagem exige que você se vista, se alimente,

converse e apareça dentro de padrões estabelecidos pela sociedade.

Se você não consegue acompanhar, a frustração aparece. Se não consegue consumir, surge a infelicidade.

Pare e pense. Você não pode colocar no exterior a felicidade que você deseja ter dentro de si.

Seja você mesmo. Equilibre-se entre o necessário e o possível.

Construa sua imagem com aquilo que você é. E não tenha dúvida, você viverá melhor, bem melhor assim.

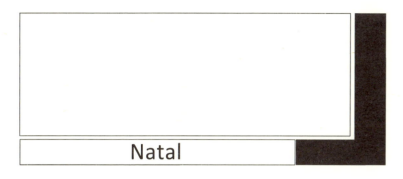

Natal

Os anos se sucedem. Um novo ciclo está sempre próximo de começar.

Antes, porém, de um novo ano vem o Natal.

Se a passagem do ano nos leva a comemorações coletivas, o Natal nos retém em casa. Natal é festa em família, é oportunidade de reflexão.

Aproveite, portanto.

Pense na vida. Quanto ela é valiosa para você e para as pessoas de forma geral. Vidas assim precisam de carinho, de ternura e de coração.

Pense no amor. O amor, já se disse, é o alimento da alma. Não o deixe escondido num cantinho qualquer, ali, perdido. Mostre-o a quem você quer bem de fato.

Pense na família. A família é importante para você, para sua vida, para o seu progresso. É na família que cada espírito que renasce encontra o porto seguro para uma nova vida.

Pense no dinheiro. Você precisa dele, todos precisamos. Mas ele é apenas um meio para viver numa sociedade. Ele não é o fim de tudo.

Pense no trabalho. Perceba que trabalhar é um verbo de muitas conjugações, não apenas uma referência ao emprego. Qualquer atividade útil é, em si mesma, um trabalho.

Pense, enfim, no futuro.

E não se esqueça nunca de verificar que o futuro se realiza a cada instante, naquilo que você busca e alcança. Ou não.

O futuro é também vida. Vida que vem, vida que vai.

Futuro é renovação.

Futuro é, portanto, um verdadeiro Natal.

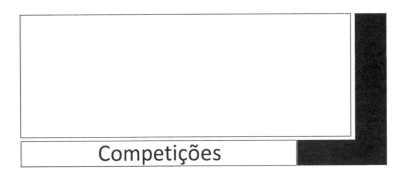

Competições

Somos todos seres humanos. Nossas semelhanças param por aí. De resto, somos diferentes, diversos uns dos outros. Geneticamente semelhantes, psicologicamente diferentes.

Fazemos nossas opções nas artes, na música, na literatura, em tudo. E porque desejamos para os outros as mesmas coisas que nos parecem favorecer, procuramos convencer as pessoas a serem como nós.

Nosso time de futebol é o melhor.

Os livros que lemos são excelentes.

Os artistas que admiramos são mais lindos.

Estamos, assim, em competição, porque nossos amigos gostam de outros clubes, livros e artistas. Eles também pensam que a felicidade é gostar do que eles gostam.

A sociedade de consumo vive disso. Ela estimula ao extremo a competição que naturalmente existe entre as pessoas.

Assim, quanto mais competições mais consumo; e quanto mais consumo, mais competição.

Uma verdadeira roda-viva se estabelece.

Parece que a felicidade só se realiza quando vencemos

e o outro perde. Estranha felicidade essa, que depende da tristeza alheia.

Não se deixe enganar. Competição boa é aquela em que o resultado une, em lugar de dividir. Lute para vencer, mas não mate aquele que perde, pois a sua alegria cresce mais quando é dividida.

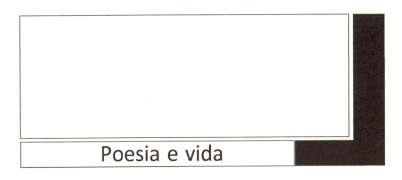

Poesia e vida

A vida de agora já foi vida outrora. Um providencial véu do esquecimento nos alcançou e por isso não nos lembramos das vidas passadas.

Por vezes, um sentimento de já ter vivido algo nos invade, numa sensação indefinível.

Em momentos especiais, quando estamos sós, meditando em qualquer coisa, lembranças nos vêm à mente e nos deixam ainda mais emotivos.

Uma tarde qualquer...

A noite se aproxima devagar e vai influenciando-nos. Uma música de fundo nos faz sonhar sonhos diferentes.

O baile da vida, em sua dura realidade, é substituído, pelo prazer de deslizar sobre as idéias, deixando-as fluir sem preocupações maiores, mesmo que seja apenas por momentos.

A vida que se repete em novas vestes, novos corpos, ganha estes momentos serenos e suaves, num enlevo belo e profundo.

Você, eu, ele, todos nós precisamos de momentos de desprendimento, em que a alma voa por sobre o mar dos compromissos. Deixe-a viajar, descobrir destinos, refazer-se.

Dê a si mesmo, caro amigo, o direito de sonhar poeticamente, porque todos os problemas da vida, juntos, não valem um momento de puro prazer como este.

Daqui a pouco você acordará. Porque é do destino o caminhar.

Poesia é fonte de energia também, energia que você precisa para prosseguir no seu particular e promissor destino.

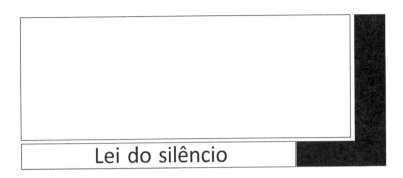

Lei do silêncio

Faça silêncio. Se estiver entre muitos falantes.
Falantes não sabem calar.
Faça silêncio para ouvir e para pensar.
Quem fala demais não ouve e pensa mal.
Faça silêncio para decidir.
Toda decisão requer um tempo de espera.
Faça silêncio para amar.
Todo amor excessivamente falante é ansiedade sonora. Pura ansiedade.
Faça silêncio para aprender.
O vozerio dispersa as oportunidades de reduzir a ignorância.
Faça silêncio para dormir.
A alma também precisa de repouso a fim de poder recuperar suas energias.
Faça silêncio ao acordar.
A manhã revela logo nos primeiros minutos os conselhos que a alma recebe quando repousa.
Mas quando estiver diante da injustiça, não se cale.
O silêncio aí pode ser a nota dissonante da música individual.

Neste momento, quando alguém chora e sofre, a nossa voz precisa ser o apoio amigo que poucos oferecem.

Fale para ajudar, fale para apoiar.

E depois volte ao silêncio.

Os chineses descobriram que o silêncio é valioso e só deve ser rompido quando as palavras possuem grande valor.

Faça silêncio e observe. Olhos atentos, ouvidos abertos.

Viva assim e sentirá com o tempo quanto um bom silêncio favorece a caminhada difícil do dia-a-dia.

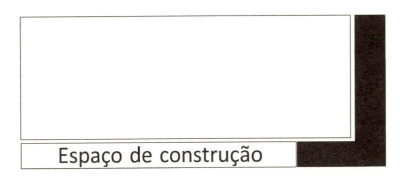

Espaço de construção

A vida nos desafia a todo instante.

Vivemos inúmeros momentos em que temos de demonstrar paciência e perseverança.

Paciência no trabalho.

Trabalhar é preciso, mas exige de nós enfrentar os momentos difíceis das relações com os nossos colegas.

Sacrifício familiar.

Somos seres que necessitam de um teto, uma casa, um lar, mas os lares são locais onde convivem seres humanos diferentes entre si.

Disposição para cooperar.

A cooperação faz com que nos diferenciemos em relação a outros reinos da natureza.

Desejo de progresso.

Somos feitos para avançar, ir em frente, aprender e melhorar nossa capacidade de compreender o mundo.

Como você pode observar, caro amigo, vivemos os desafios da nossa intimidade e vivemos os desafios da vida de relação, dos contatos, da troca de experiência e dos projetos conjuntos.

Nosso dia-a-dia não pode ser feito apenas de coisas

rotineiras, de coisas que se repetem e daquelas que não preenchem uma utilidade.

Como seres humanos, estamos sempre buscando coisas novas, para que elas também nos renovem.

Assim, no trabalho, em casa ou junto dos amigos, sejamos os mesmos, mas sejamos também diferentes na paciência, no sacrifício e na cooperação.

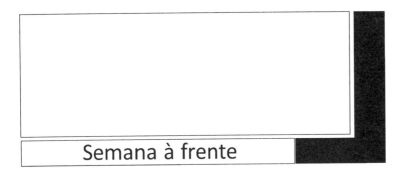

Semana à frente

Todos nós gostamos de começar bem a semana. Mas se o meu time perdeu ou coisas desagradáveis aconteceram entre o sábado e o domingo, meu começo de semana não será nada bom.

Lembranças, reflexos, alguns maus fluidos nos acompanham. Sem falar na perspectiva de novos dissabores a nos aguardarem.

É como se tivéssemos acordado com o pé esquerdo.

Semana após semana, meu amigo, a situação se renova. Uns finais serão excelentes, outros serão ruins.

É certo, porém, que muitos deles poderão ser transformados em expectativa positiva se assim o quisermos. O contrário é também verdadeiro, ou seja, o pessimismo poderá aumentar ou até mesmo acrescentar maus fluidos aos dias que se avizinham.

Claro, você tem razão se acredita que a vida social é um compartilhamento de situações boas e más. E tem razão também se é de opinião que a sociedade como um todo é altamente responsável pelo bem e o mal dos cidadãos.

Sim, somos seres sociais interdependentes, uns precisando dos outros. Do amigo, do governo, dos parentes.

A falta de solidariedade produz uma sociedade injusta, desigual.

Considere, porém, que enquanto se preocupa com isto você pode, também, se preocupar em não engrossar a fileira dos pessimistas e desesperançados.

Está bem que o seu time perdeu e isto não foi bom. Lembre-se, porém, de que nada melhor do que um dia após o outro.

Recomponha-se e bata no peito, dizendo: eu sou capaz de melhorar a situação!

A minha semana será tão boa quanto eu puder fazer por isso.

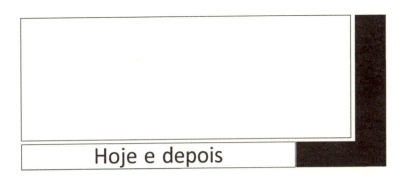

Hoje e depois

Morremos todos os dias e todos os dias renascemos.

Cada acordar e cada novo dormir é uma experiência de vida e de morte.

Morte agradável, sim, porque sabemos que renasceremos ao final de uma noite de sono.

Renascer este que traz consigo não uma experiência de morte, mas todo um período de vida intensa, denominada sonho noturno.

Se você pensar bem, verá que não há interrupção do ato de viver; há apenas mudança de ritmo.

Ao dormir, o ritmo cardíaco e o ritmo cerebral diminuem para dar lugar a outra experiência, da qual pouco ou nada nos recordamos ao acordar.

O corpo repousa, mas a alma permanece ativa.

A vida deixa aquilo que chamamos de realidade concreta para prosseguir na realidade abstrata, onde a imaginação não tem limites.

Durante o sono, você viaja, fala, deseja e realiza.

A vida, como se vê, não pára em momento algum.

A diferença de ritmo não significa cessação de vida. Significa, apenas, vida em outra esfera, em outra vibração.

Dormir bem, por algumas horas que seja, pode ser o reforço para um dia equilibrado e cheio de energia.

Acordar disposto é resultado de uma vida real vivida durante o repouso do corpo. Vivemos para morrer à noite. Nascemos para viver o dia.

Na verdade, portanto, vivemos e vivemos sempre.

A morte é uma vida. Permanente. Contínua.

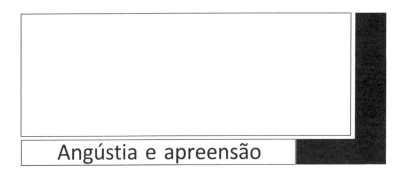

Angústia e apreensão

Um amigo, perguntou-me outro dia se é possível esperar que o nosso país se torne uma grande nação.

Diante de tantos e tantos exemplos negativos, ele se confessava desesperançado com o futuro.

Disse-lhe, então, o que penso.

O Brasil, meu amigo, é um exemplo bem fiel de várias outras nações. Digo mais, é um exemplo de como as civilizações evoluíram.

Se olharmos apenas o horizonte próximo, ficaremos envolvidos pelas migalhas do cotidiano. Mergulhados que estamos neste mar revolto de diferenças e contradições, temos pouca possibilidade de vislumbrar um horizonte melhor.

Nossa perspectiva muda quando olhamos para as experiências passadas. Aí, encontramos motivo para ter esperança.

Somos um povo destinado a um futuro melhor. Um pouco deste futuro já conquistamos. Um longo caminho temos para percorrer.

O presente que vivemos é muito, mas muito melhor que o passado.

Acontece que nem só de conquistas realizadas aqui, no próprio país, vivemos nós, os cidadãos brasileiros. Somos sociedades interdependentes.

Usufruímos hoje das conquistas que realizamos e daquelas que outros povos realizaram. E também da renovação permanente dos espíritos que habitam o planeta e, conseqüentemente, também o Brasil.

O presente poderia ser bem melhor? Sim, sem dúvida. Mas não se pode negar que a vida hoje está muito melhor do que no tempo do Brasil Colônia ou do Brasil Império.

De vez em quando é bom olharmos de cima, sairmos fora deste emaranhado de problemas. Quando o fazemos, nossa perspectiva melhora. Senão, os problemas nos engolem e levam junto a nossa esperança.

Acredite, o Brasil tem jeito, sim senhor.

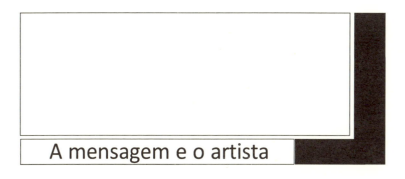

A mensagem e o artista

Hoje eu quero aproveitar este espaço para refletir sobre uma afirmação do cantador Santana, feita no programa Realidade Paralela.

Disse ele que todo artista precisa escolher bem a mensagem que transmite ao povo. E referindo-se à música, falou que a mensagem tem o poder de penetrar no cérebro dos ouvintes e deixar ali marcas positivas ou negativas.

Isto é também o que acontece com todos os seres humanos e suas relações interativas. Ou seja, quando conversamos ou quando damos nossos conselhos estamos influenciando-nos uns aos outros.

Uma palavra e um gesto, um olhar ou uma afirmação desencadeiam reações na forma de imagens e energias, ecoando para além do nosso próprio espírito.

Artistas, cantores e poetas, escritores e jornalistas, todos os que trabalham com a palavra escrita ou falada têm grande responsabilidade pelo que produzem de bem ou de ruim para os seus semelhantes.

O otimismo e o pessimismo das nossas mensagens sempre repercutem, sempre geram felicidade ou decepção, harmonia ou desagregação.

Um sábio espírito diz que palavras e exemplos têm o poder de convencer ou arrastar as pessoas e os povos.

A vida do dia-a-dia tem os seus próprios dissabores, que funcionam como experiências enriquecedoras. Seus efeitos perduram.

Palavras e pensamentos positivos são capazes de gerar efeitos salutares, que nos equilibram e ajudam a vencer as dificuldades naturais do caminho.

Por isso é muito bom pensar em administrar o pensamento, cuidando para que as nossas mensagens sejam capazes de criar o clima da harmonia na vida de cada um dos que convivem conosco.

Do bem e do mal

Somos todos seres humanos matriculados na escola terrena.

Nosso uniforme é o corpo físico, nosso professor a experiência diária, colhida das vitórias e das derrotas de cada exercício.

Aprendemos com as duas, a vitória e a derrota. A sabedoria do povo já nos adverte nesta sentença: "Não há bem que nunca se acabe, não há mal que sempre dure".

Ou seja, a mais sonhada das felicidades, quando alcançada, chega com data de validade. Mas se serve de consolo, a pior das derrotas também chega com dia certo para acabar.

Quando mergulhados na felicidade, costumamos não perceber a sua fragilidade.

O mesmo acontece quando enfrentamos as dificuldades e nos sentimos derrotados. Tudo gira como se nada tivesse ou devesse ter fim.

O poeta, em dia muito triste, afirma pela letra de uma música que a "tristeza não tem fim, mas a felicidade sim". E afirma que a "felicidade é como a pluma, precisa do vento para ficar voando".

No entanto, todos nós, indistintamente, vivemos nossos ciclos de vitórias e de derrotas.

E mais uma vez a sabedoria popular vem em nosso socorro para nos afirmar que nas mais duras derrotas existirá sempre uma "luz no fim do túnel". Ou seja, oportunidades novas.

Haverá sempre um sorriso após o choro. Nesta como em qualquer outra vida que venhamos a ter.

Aqui na Terra ou em outro lugar deste universo sem fim.

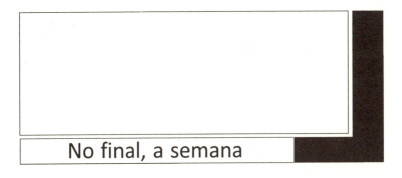

No final, a semana

Sábado. Fim de semana. Perspectiva de descanso para uns e de prazeres para outros.

Muitos, porém, continuarão em seus postos, para que haja possibilidade dos outros brindarem a chegada do domingo.

Em sua rotina, as horas e os dias se sucedem, numa espécie de roda que está a girar e a passar sempre no mesmo ponto.

É assim que vamos construindo o futuro, repetindo o tempo e passando novas vezes nos mesmos lugares.

Aprender é repetir. Construir é repetir. Sorrir também é repetir.

O pensamento positivo é também resultado de hábitos repetidos. Ele pode ser alcançado depois de esforços constantes. E uma vez que nos habituamos a ser positivos, otimistas, nenhum esforço mais precisamos empreender.

Pessoas tristes, permanentemente tristes, se habituam ao sofrimento. E passam a depender dele, como o doente contumaz do seu remédio. A felicidade é assim também.

Ela é feita de pequenos momentos que vamos tecendo e costurando, ligando um pedaço de pano aqui com outro ali.

Não parece não, mas o tecido de nossa vida pode ser uma colcha de retalhos desordenada ou feita com o carinho da atenção aos semelhantes. Uma colcha de retalhos multicolorida ou uma malha feita com sobras de cordas. Em qualquer dos casos, o otimismo ou o pessimismo estarão demarcando as diferenças.

Divirta-se com moderação, para que a segunda-feira chegue e o encontre de bem com a vida.

Porque, se você estiver de bem com a vida estará de bem com todos, de bem com você mesmo.

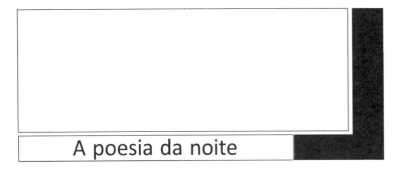

A poesia da noite

Mais um dia termina.

Uma nova noite tem início.

Muitos de nós estamos retornando para casa, cansados, depois de um dia de trabalho.

Queremos descansar, para recomeçar amanhã a mesma jornada que ora terminamos.

A rotina é esta. Um dia após o outro, o trabalho, o lar, o descanso, para retomar no dia seguinte aquilo que deixamos no dia anterior.

Tornar essa rotina melhor, mais empolgante, bem mais motivadora pede de nós apenas um pouco de reflexão e muito de sonho.

O valor de cada dia, de cada hora e de cada segundo é maior quando temos motivos fortes para continuar.

Quando nos acomodamos em nossa cama e sonhamos com o dia seguinte, dormimos melhor.

Quando despertamos de manhã cheios de planos, sentimos que a noite finda foi repleta de bons e já saudosos sonhos.

A vida é assim. Ou se torna uma rotina chata, ou se transforma em algo prazeroso.

Está na nossa capacidade de sonhar a razão dos dias melhores.

Então, caro amigo, sonhe. E siga em frente.

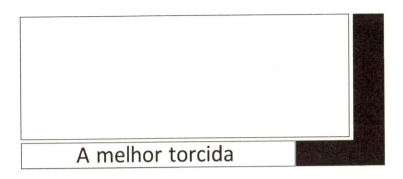

A melhor torcida

Platão, o célebre filósofo grego que imortalizou o pensamento de outro grego ilustre, Sócrates, ficou conhecido por algo que não pregou: o chamado "amor platônico".

Amor platônico quer dizer amor de admiração, amor sem envolvimento físico, amor desinteressado sexualmente, desprovido de paixões.

Quando estamos em plena Copa do Mundo de futebol, é ingenuidade exigir dos brasileiros uma torcida sem paixão, apenas platonicamente.

A emoção é o ingrediente da nossa torcida.

O verde e o amarelo são mais do que as cores da nossa pátria: são, na verdade, o símbolo confirmador do nosso engajamento.

Devemos, sim, vibrar.

Devemos, sim, torcer.

Ao mesmo tempo, porém, devemos considerar que o esporte é meio de realizações, é caminho para a saúde, é oportunidade para superar os estresses diários.

A melhor torcida, portanto, é aquela em que todos nós nos juntamos para ajudar o país a realizar novas conquistas esportivas, sem que deixemos de lado o respeito aos nossos semelhantes, independentemente de sua raça, credo ou cor.

Se a seleção brasileira vencer, comemoremos.

Se a seleção perder, lamentemos.

No esporte se perde e se ganha.

Acima de tudo, porém, mantenhamos o equilíbrio para que nossa vida seja longa e nossos sonhos não fiquem a meio do caminho por conta dos excessos da alegria ou da tristeza.

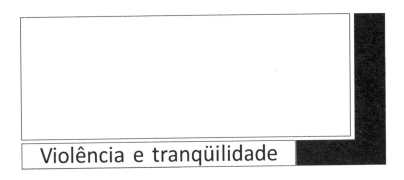

Violência e tranqüilidade

A violência nos assusta quando ocorre próxima de nós.

Distante, apenas nas notícias dos jornais ou nas conversas dos amigos, a violência costuma parecer algo inatingível.

Quando, porém, ela acontece ao nosso lado ou com os amigos queridos, costuma trazer um grande desassossego, uma intranqüilidade terrível.

Você pode contribuir para reduzi-la.

Segurança, esse bem tão sonhado, não é compromisso somente das autoridades públicas.

Segurança é, também, algo que se constrói com as ações pequeninas, diárias, positivas, tomadas por cada um de nós.

Uma palavra de carinho, um olhar de atenção, um gesto na direção de alguém que está intranqüilo pode significar um grande auxílio para a paz.

Muitas ações violentas, daquelas que assustam a todos nós, começam em pequeninos fatos, em insignificantes atitudes.

Ajudar a diminuir as tensões naturais do dia-a-dia, auxiliar os amigos a controlar os seus momentos difíceis pode ser um grande ato na direção da felicidade. Daquela real felicidade.

Seja você um desses.

Aja em si, construindo o seu equilíbrio, e junto do próximo, para que ele também alcance o equilíbrio de que precisa.

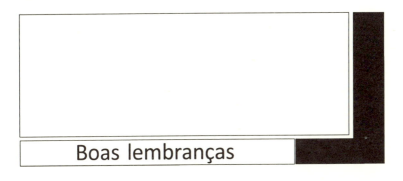

Boas lembranças

Nós passamos, muitas vezes, pelos mesmos locais. Somente a água do rio não passa de novo sob a ponte.

Você, eu, todos nós percorremos o mesmo caminho diversas vezes, como se retomássemos o ponto de partida sem precisar percorrer a pista contrária.

Queiramos ou não, nossa estrada é um convite permanente a seguir em frente. Nossa estrada não tem fim, mas o seu começo conhecemos bem, porque estamos sempre recomeçando.

Por isso, passamos e repassamos pelos mesmos pontos da estrada e pelas mesmas pessoas.

Pessoas e coisas nos marcam.

Pessoas e coisas significam boas ou más recordações.

Ao nos encontrarmos com elas, da primeira vez quase não percebemos. Da segunda vez nos chamam a atenção. Depois, pessoas e coisas nos marcam. Você, eu, todos nós precisamos da estrada, precisamos uns dos outros, e precisamos das coisas para construir o futuro.

Nossa eternidade está em perceber isso.

Nossa felicidade é fugaz, é breve, quando nos fazemos individualistas.

Nossa felicidade começa a ser eterna quando descobrimos a cooperação.

Boas lembranças, nos reencontros da vida, no reencontro das coisas e das pessoas são um bom começo da felicidade.

Portanto, caro amigo, tenha sempre boas lembranças.

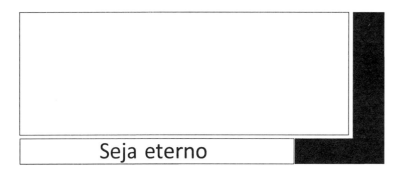

Seja eterno

A vida se renova a todo instante.

Um dia é sempre diferente do outro. A natureza muda, os seres se transformam e as idéias também.

Mas, não faça nada pensando no esquecimento total. As idéias podem ter vida longa até serem modificadas por outras mais avançadas.

Um pensador grego disse que a única certeza que temos é da mudança das coisas. Afirmou uma verdade.

Mudar parece ser, assim, a única eternidade da vida.

Na essência, porém, quem promove as mudanças são os seres inteligentes.

Você muda para que a vida também mude. A mudança é permanente porque você também é permanente. Você é eterno.

Siga o exemplo da natureza e quando for necessário, mude, também.

Mude sua visão da vida, sua visão das pessoas e sua visão da felicidade. Faça-se imortal nas idéias tanto quanto é imortal no espírito.

Mude a forma de lidar com as pessoas.

Mude o jeito de esperar o destino.

Sempre que for necessário, mude a si mesmo e as situações em que você está inserido.

Busque a felicidade nas coisas duradouras e deixe de lado os fragmentos dispersos. Faça-se, definitivamente, eterno.

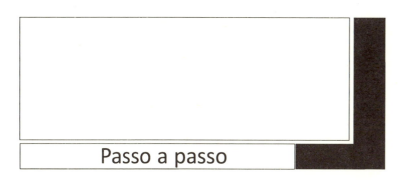

Passo a passo

Cada dia tem sua própria história.

Cada história tem sua própria razão.

Acordamos alegres, tristes ou mais ou menos. E cada vez que nos levantamos, animados ou não, retomamos a estrada individual.

Você pode correr ou andar devagar.

Você pode sorrir ou lançar olhares de tristeza.

Você não pode, no entanto, deixar de registrar a sua verdade a cada gesto feito ou negado.

Se você correr muito, você pode nem chegar e até mesmo chegar antes da hora.

Se você andar devagar demais, você pode ficar pelo caminho.

Não se iluda com aqueles que lhe ensinam que a vida é uma competição.

Quase todas as competições que conhecemos foram criadas pela imaginação humana.

A vida é uma construção contínua, permanente.

Cada tijolo resulta de cada passo que damos em direção ao futuro.

A competição verdadeira é a que cada um estabelece

consigo mesmo. A competição verdadeira é a própria superação.

Nesta competição interior, diária, a vitória não mostra perdedores. Mostra, isto sim, as conquistas a registrar indiscutivelmente os valores da alma.

Um pouco de você

A natureza registra a nossa história.

A sua, a minha e a história de cada um dos seres humanos.

No desespero, muitos se fazem infelizes por acreditarem que, desaparecendo do cenário social, serão esquecidos.

Depois, mais tarde, reencontram a sua história, aquela mesma que imaginaram desfazer com gestos destruidores do próprio caminho.

Caro amigo, nossa história vai sendo escrita diariamente. E seu registro, sua gravação é feita no disco rígido que cada um de nós carrega na mente.

A fuga, o desespero, a amargura, a insegurança, tudo isso ocupa o mesmo espaço que a alegria, a confiança, a certeza.

Não se deixe levar pelos possíveis momentos extremamente difíceis ou extremamente alegres.

Jamais acredite que as ações de cada dia podem ser definitivamente apagadas da memória por um simples desejo.

O que cada um de nós faz, automaticamente entra para

o registro individual. E assim como acontece na memória do computador, eu, você, cada um de nós pode reescrever e gravar por cima da trilha da memória uma nova história.

Eis a grande sabedoria da vida.

Escreva a sua história.

Reescreva depois.

E viva tranqüilo, caro amigo, com o seu passado e o seu futuro.

Passado e futuro

Quase sempre, deixamos de pensar no futuro quando o presente está tranqüilo.

E queremos esquecer o passado quando ele é feito de lembranças amargas.

Meu amigo, passado e futuro são apenas construções do presente.

Mas o que é o presente?

Ah, o presente é o hoje, o agora, o instante atual, aquilo que estamos fazendo ou vendo acontecer.

Assim, o passado é o presente que se foi, e o futuro é o presente que virá.

Então, meu caro amigo, não há futuro nem passado desligado do presente. É o agora que regula tudo.

É este instante fugaz, que você vive, a marca definitiva daquilo que virá ou daquilo que se foi.

Portanto, se tudo está tranqüilo no seu presente, não se esqueça de observar e agir, para garantir o futuro.

E se as águas do seu riacho estão turvas, agitadas ou estranhas, acredite que poderão tornar-se melhores.

Para tanto, aja, levante-se, ande.

Acredite em você e na sua capacidade de melhorar.

Amanhã é o futuro do hoje.
E hoje é a sua verdade, o seu presente.

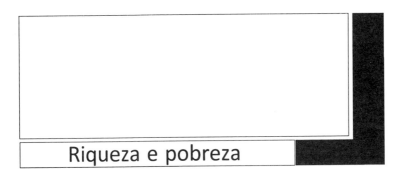

Riqueza e pobreza

Não se engane: muitas vezes, aqueles que você considera ricos e felizes são na verdade pobres. A sabedoria popular ensina que o dinheiro compra muita coisa, mas não compra a felicidade.

Mesmo que lhe digam que o dinheiro não compra a felicidade mas ajuda bastante a adquiri-la, não se deixe enganar. Há ricos em dinheiro e pobres em felicidade, enquanto que há pobres em dinheiro e ricos em felicidade.

Ter o mínimo para viver dignamente é um direito de todos. Você deve lutar por isso. Lembre-se, no entanto, que a felicidade depende de outras coisas também, e não apenas da quantidade de dinheiro que você possa ter.

Eis alguns conselhos simples e interessantes que podem ajudar você a construir o seu mundo:

Lute pelos seus direitos, mas não pise nos direitos dos outros. Você não precisa ser violento para alcançar seus ideais.

Trabalhe sempre, mas não viva unicamente para o trabalho remunerado, pois o tempo pode lhe faltar para a própria felicidade.

Cuide de administrar suas emoções, para que elas não

roubem sua saúde física e espiritual. Emoções sem controle são a causa de muitas doenças.

Pense sempre positivamente. Os problemas são muitas vezes difíceis mas se tornam mais graves para aqueles que se fazem pessimistas.

Não desanime nunca nem se desespere jamais. Se for preciso chorar, chore, mas enxugue as lágrimas e prossiga.

Se tiver que optar entre as duas riquezas, prefira a da alma. A riqueza material é mais fácil de alcançar, e de perder também.

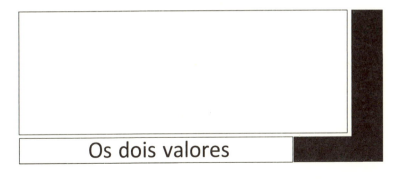

Os dois valores

Você já percebeu que é sempre colocado ante duas opções?

A vida, caro amigo, é um processo de escolha constante. Nas pequenas e nas grandes coisas.

É portanto natural que você tenha dúvida entre uma escolha e outra. Mas, cuidado, pense bem antes de aceitar as sugestões automáticas.

Saiba que:

A sociedade do consumo lhe oferece a fama em lugar do anonimato e lhe aconselha a buscar essa fama como caminho para a felicidade. Porém, alguns minutos de fama não trazem nenhuma felicidade duradoura.

A publicidade lhe sugere comprar coisas como medida de felicidade. O que você não sabe é que tal felicidade exigirá consumir e comprar sempre, para que possa perdurar.

A indústria lhe apresenta produtos constantemente, com a garantia de atender suas necessidades, mas nenhum produto, por melhor produzido que seja, substitui a sua necessidade de paz.

Por isso, caro amigo, saiba encontrar o valor verdadeiro de cada coisa, para não abrir mão do seu direito de construir o próprio caminho com os tijolos da sua consciência.

A fama, o consumo e o uso dos produtos são facetas de muitas vidas, mas a felicidade verdadeira só pode ser encontrada na tranqüilidade da consciência, que nenhum shopping center oferece.

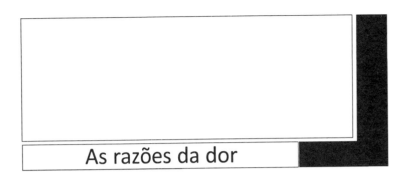

As razões da dor

Diante do sofrimento, das decepções e das desilusões, é natural assumir um comportamento de mágoa e até revolta.

Quando a dor nos alcança, surgem reações que não dominamos.

A vida, contudo, prossegue em nós e à nossa volta, porque o mundo não pára para nos olhar. O mundo não se atrasa à nossa espera.

Precisamos seguir, compreendendo que o desencanto de hoje pode ser transformado em esperança no amanhã.

No momento da dor é difícil compreender a alegria alheia, mas aquele que segue alegre ao nosso lado também não percebe que a dor nos alcança.

Mas é preciso começar em nós mesmos o desenvolvimento da percepção das alegrias e das dores que fazem parte do dia-a-dia do ser humano.

Na dor, desejamos ver estendida para nós a mão que ampara. Queremos mais, desejamos também respostas para as causas dos nossos males. Não para aqueles males cuja origem conhecemos; desejamos respostas para aquelas dores para as quais não vemos razão.

Caro amigo e amiga, há razões visíveis e invisíveis. Quando nenhuma resposta for possível, cale-se e continue o seu caminho.

O remédio pode estar ao lado, necessitando apenas de um pouco de calma para ser compreendido.

Não desanime jamais. Segue em frente. E para sua surpresa, compreenderá que muitas vezes as suas respostas estão nas coisas mais simples do caminho.

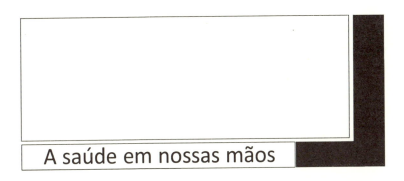

A saúde em nossas mãos

Somos Espíritos, eternos Espíritos. Estamos em viagem pelo Universo.

Viemos de lugares distantes, passamos por países e cidades que se acabaram, construímos civilizações.

Temos um passado, uma história no planeta Terra. Somos herdeiros de nós mesmos. Vivemos na sua diversidade cultural e biológica e estamos interligados à natureza, num intercâmbio muito grande e profundo.

Estamos à procura da felicidade e descobrimos, diariamente, que a felicidade é uma receita que possui vários ingredientes. Não basta tê-los todos à mão: é necessário saber misturá-los em suas quantidades exatas para que possam resultar na felicidade que sonhamos.

Eis algumas regrinhas básicas para o bolo da felicidade:

Mantenha a calma sempre que possível. Não há equilíbrio psicológico sem compreensão da vida.

De vez em quando, pare para refletir sobre a beleza da vida. Isso ajuda a superar os momentos difíceis.

Ocupe o tempo disponível com alguma coisa proveitosa. O ócio total esvazia a mente e desestimula as ações.

Não alimente idéias fixas. Tudo muda na vida, inclusive a nossa visão da própria felicidade.

Pense sempre positivamente. A paz resulta também do desejo permanente de construí-la.

Seja paciente, com você e com as demais pessoas. Isso melhorará a sua disposição para a vida.

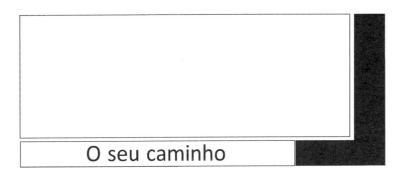

O seu caminho

Quando você descobre o seu caminho, percebe que ele é seu e é único, especial, diferente do caminho dos outros.

A sabedoria da vida está em encontrar o próprio caminho e perseverar nele.

Não existem dois caminhos completamente iguais, assim como não existem duas pessoas iguais em tudo.

o caminho escolhido ou utilizado por alguém que você admira é um caminho ideal apenas para ele. Da mesma forma, o seu caminho também não é o ideal para o seu amigo.

Somos diferentes na cultura, nos anseios, no pensamento e nas emoções. A verdadeira solidariedade, assim como o verdadeiro sentido do amor está em compreender como podemos ser felizes mesmo sendo diferentes.

É natural que você deseje àqueles a quem está ligado por laços de afeto, o melhor, e muitas vezes o melhor é aquilo que você deseja para você.

Mas, lembre-se, o seu amigo ou o seu amor tem seus próprios planos, modos, desejos e sonhos. E sua própria forma de pensar.

Ajude-os, mas não queira que eles façam exatamente

como você faria. Nem os obrigue a pensar como você pensa.

Você é um Espírito, sim, como todos somos. E um Espírito imortal. Mas cada um tem o direito de escolher o caminho que lhe convém.

O mundo à sua volta

Olhando à sua volta, você pode perceber um punhado de situações que lhe ajudarão a reduzir as dificuldades circunstanciais da vida.

Olhe e compare.

Coloque-se na posição daquele que, mesmo sofrendo, encontra espaço para compreender as dificuldades alheias.

Somos, muitas vezes, mais felizes do que imaginamos, embora estejamos buscando a felicidade para além do nosso próprio espaço.

Aqui estão, para você, alguns lembretes simples e importantes dados pelo Espírito de André Luiz:

"Se você está triste porque perdeu seu amor, lembre-se daquele que não teve amor para perder.

"Se você está cansado de trabalhar, lembre-se daquele que vive angustiado porque perdeu o emprego.

"Se um sonho seu foi desfeito, lembre-se daquele que vive um pesadelo constante.

"Se você teve um amor para perder, um trabalho para cansar, um sonho a se desfazer, não fique eternamente aborrecido e lembre-se:

"Há muita gente que, vendo-o à distância, daria tudo

para estar no seu lugar, porque possuem histórias ainda mais sofridas".

Não se deixe enganar pelas aparências deste mundo consumista: o outro, aquele que passa ao seu lado, vive também seus dramas e suas alegrias e, não raro, vê em você uma felicidade que ele julga não possuir.

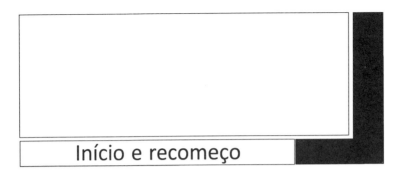

Início e recomeço

A vida é um recomeço diário. Melhor dizer, a vida recomeça a cada segundo. Vivemos o ciclo constante da renovação, como se a natureza nos convidasse a pensar e repensar permanentemente a nossa existência.

Um dia substitui outro, uma semana, um mês.

As estações sucedem uma às outras. Tudo está em constante mudança. Ao observar o ritmo da natureza, Heráclito, filósofo grego admitiu que só há uma coisa permanente: a mudança.

Seria cansativo se você e eu não fôssemos seres humanos, capazes de renovar, no mesmo ritmo da natureza, os nossos desejos e os nossos sonhos.

Nem bem realizamos algo e já colocamos em seu lugar outros projetos. Antes mesmo que um sonho termine, já estamos com outros sonhos a caminho.

Isto nos faz progredir e nos ajusta à natureza.

O ser que não sonha fica submetido a um ritmo cansativo e tende a se tornar pessimista.

E o ser humano pessimista atrai doenças do corpo e da alma, além de espalhar ao seu redor o desânimo e a amargura.

Por isso, nunca deixe de sonhar e querer.

A vontade é o motor que nos conduz ao progresso e à felicidade.

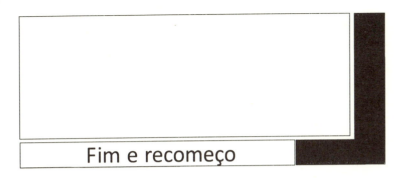

Fim e recomeço

Tudo o que é material obedece ao ciclo da vida: nasce, cresce e morre.

Somente o espírito foge a esta realidade.

Você e o seu corpo não podem fugir do ciclo, pois seu corpo está submetido à força da natureza.

Mas você não é seu corpo. Você não pertence a ele. Esqueça aquela cantiga da carne fraca. O corpo não tem vontade própria.

O ser inteligente é você, não o corpo.

Sonhar, querer, agir, sair à busca da realização dos projetos que construímos só faz sentido porque, mesmo a despeito da morte do corpo, eles permanecerão.

O ciclo da natureza é implacável com a vida material, mas muito favorável à vida do espírito.

Falo da alma, da essência de cada um de nós.

Falo da sede da inteligência, daquele ser que cada um é e que permanecerá sendo. É nele que tudo começa e termina.

Por isso, faça amigos, ajude a quem precisa, trabalhe e viva.

Construa um mundo de coisas que ficarão em você e

seguirão com você quando a natureza reclamar a devolução do seu corpo. É que ela precisa dele para se renovar.

Você prosseguirá vivendo na imortalidade que lhe é própria e que pertence a você.

A imortalidade, a natureza não tira de você.

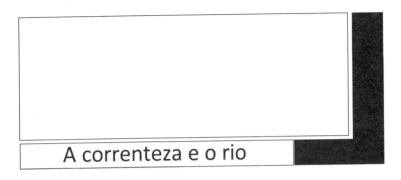

A correnteza e o rio

Há duas maneiras de você seguir o curso da vida: nadando a favor da correnteza ou nadando contra a correnteza.

Na maioria das vezes, lhe dirão que você não deve remar contra a correnteza.

Apenas alguns, muito raros, lhe estimularão a não se deixar levar, simplesmente.

Há sabedoria nas duas coisas.

Num dia, pode ser que seja melhor para você seguir o curso da vida. Noutro dia, certamente você precisará se opor aos acontecimentos.

Um poeta sonhador nos diz:

Na correnteza da vida / és madeira que flutua / são os outros que te levam / e pensas que a força é tua.

Deixar-se levar é mais fácil, mas nem sempre é prudente. Ninguém conhece, de fato, a medida exata das suas necessidades. Ninguém, apenas você.

Portanto, se a correnteza do seu rio está levando você a um destino incerto, nade contra. Neste mundo de felicidades vendidas, consumidas, mostradas em imagens, constroem-se correntezas perigosas.

Por outro lado, se o bom senso indica que a correnteza conduz a um porto seguro, neste caso, siga a correnteza, mas, nunca, jamais, abdique do seu poder de dizer sim e não.

O seu destino é uma construção sua.

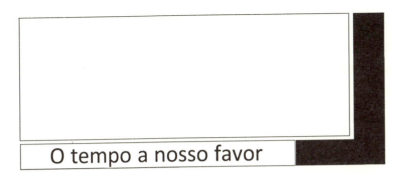

O tempo a nosso favor

O tempo é curioso. Nós o dividimos em passado e futuro. No meio, colocamos o que chamamos de presente. Passado, futuro e presente, eis o nosso conceito de tempo.

O que fizemos, se foi. O que fazemos, está aí. O que faremos é projeto. Toda a nossa vida está ligada ao tempo e ao espaço.

O tempo que passa às vezes nos assusta. Não o vemos passar porque estamos envolvidos com nossos afazeres. Não o vemos passar, também, porque estamos sempre esperando algum bom tempo chegar. Mas ao olharmos para trás descobrimos que o tempo passou.

Por isso, diz o poeta:

O tempo não me dá tempo / de bem o tempo fruir / e nesta falta de tempo / não vejo o tempo fugir.

Aproveitar o tempo é uma questão de sabedoria e vontade.

Lembre-se, o presente está passando, é tempo que não seguramos.

O futuro está acontecendo, é tempo que podemos construir.

Coloque, sempre e sempre, o tempo a seu favor. Não o

espere, vá à busca dele. Assim como você não deve, nunca, sair de casa sem um destino previsto, não deixe a vida passar sem uma esperança.

Use o tempo a seu favor.

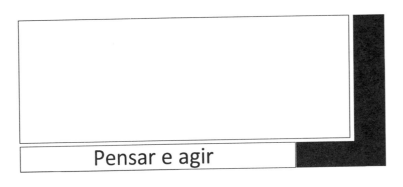

Pensar e agir

Querer é poder, já diz a sabedoria popular.

A vontade é o começo, o instante. O poder segue a vontade quando o ser humano está determinado a conseguir, a alcançar o seu desejo.

Existem, porém, vontades e vontades. Você pode querer tanto o bem quanto o mal.

Por isso, pense, antes de se jogar numa empreitada qualquer.

Pense e aja. Deseje e lute para conquistar.

E porque você pretende, como qualquer um de nós, realizar seus sonhos, analise o quanto estes sonhos lhe farão, de fato, feliz.

O sonho que sonhamos só nos fará feliz se envolver outras pessoas. Portanto, um sonho que se sonha só é enganador.

Um sonho que se sonha, só nos levará à conquista da felicidade real se esta felicidade puder ser compartilhada.

Tudo que é feito para agradar a apenas um, proporciona uma felicidade de chuva de verão. E ela costuma terminar antes mesmo do último pingo.

Qualquer felicidade, para se tornar duradoura, precisa

ser dividida. A sabedoria da divisão é que a parte de felicidade que damos ao outro retorna a nós na forma de afeto e vem acrescida do sonho do outro.

É por isso que o poeta pode afirmar que todos nós fazemos economia de afeto e carinho quando compartilhamos nossa felicidade.

Assim, mesmo que lhe digam que a felicidade é muito frágil, acredite que você pode alimentá-la permanentemente, com o desejo e a ação, com o pensar e o agir.

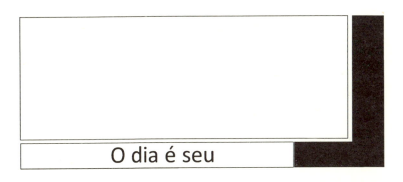

O dia é seu

No espaço imenso do seu coração sempre cabe um novo sábado.

Mas existem outros sábados capazes de construir novas esperanças.

Existem os momentos encantados das segundas-feiras, onde nos sentimos tão bem que parecem que estamos num fim de semana.

Existem os instantes das quartas-feiras, em que encontramos os amigos e podemos reforçar nossas amizades.

Existem aquelas terças-feiras em que, mesmo reduzidos a espectadores de novelas, podemos sentir a alegria dos familiares.

Os dias têm seus nomes pelos quais nós os esperamos.

Os dias, porém, são providos de encantos muito mais significativos quando os assumimos e tomamos a rédea do nosso destino.

Estes períodos curtos, que se repetem a cada vinte e quatro horas, são na verdade fontes de inspiração para a escrita do nosso livro.

Um dia é uma folha, uma semana é um capítulo.

Faça assim, escreva cada dia uma nova página no livro

da sua vida. Lá na frente, quando você tiver que reler tudo o que escreveu, sentirá uma felicidade muito grande ao verificar que não fez dos seus dias uma simples rotina.

Fez, sim, uma grande felicidade.